Christian Pestalozza
Die echte Verfassungsbeschwerde

Schriftenreihe
der
Juristischen Gesellschaft zu Berlin

Heft 181

De Gruyter Recht · Berlin

Die echte Verfassungsbeschwerde

Von
Christian Pestalozza

Vortrag,
gehalten vor der
Juristischen Gesellschaft zu Berlin
am 18. Oktober 2006

De Gruyter Recht · Berlin

Professor Dr. *Christian Pestalozza,*
Institut für Staatslehre, Staats- und Verwaltungsrecht,
Fachbereich Rechtswissenschaft der Freien Universität Berlin

∞ Gedruckt auf säurefreiem Papier,
das die US-ANSI-Norm über Haltbarkeit erfüllt.

ISBN 978-3-89949-398-6

Bibliografische Information der Deutschen Nationalbibliothek

Die Deutsche Nationalbibliothek verzeichnet diese Publikation in der Deutschen
Nationalbibliografie; detaillierte bibliografische Daten sind im Internet über
http://dnb.d-nb.de abrufbar.

Printed in Germany

Satz: DTP Johanna Boy, Brennberg
Druck: Druckerei Gerike GmbH, Berlin
Buchbinderische Verarbeitung: Industriebuchbinderei Fuhrmann GmbH & Co. KG, Berlin

Inhalt

A. Vorbemerkung

1　Was eine Verfassungsbeschwerde ist, wissen eigentlich alle. Das denkt sich wohl auch die Verfassung von Berlin, die ihren Namen nennt[1] und nichts weiter. In der Tat wissen wir auch so: Es ist die Beschwerde zum Verfassungsgericht, die jedermann erheben kann mit der nicht gänzlich unplausiblen Behauptung, die öffentliche Gewalt habe ihn in seinen Grundrechten oder verwandten Verfassungsrechten verletzt.

2　Mehr als ein halbes Jahrhundert hatten die Verfassungsgerichte Zeit, Gelegenheit und wohl auch Lust, das von den Verfassungen und Verfassungsprozeßgesetzen eigentlich Gemeinte, oft auch Gesagte in Schicht um Schicht ihrer Grundrechts- und Prozeßrechtsideen einzuhüllen, alle natürlich klug, manche listig, viele protektionistisch. In diesem Kokon aus extralegalem richterlichen Gespinst ruht die Verfassungsbeschwerde, die eigentliche, die echte.

3　Zwei oder drei Ansichten dieses Eigentlichen, Echten in Erinnerung zu rufen, darum soll es im Folgenden gehen,[2] im wesentlichen das Bundesverfassungsgericht im Visier. Prozessuales und Materiellrechtliches, Detail und Grundsätzliches werden sich dabei mischen. Weniges (B I) wird ergeben, daß die echte Verfassungsbeschwerde mehr birgt, als bislang zugestanden, anderes (B II-V), daß sie durchaus schlanker ist als das merkwürdig geblähte Gebilde, das uns in mancher Rechtsprechung entgegentritt.

4　Im einzelnen: Es soll (sub B) die – freilich immer nur andeutende – fünfgeteilte Rede sein vom jedermann als dem Beschwerdeführer (I), von der öffentlichen Gewalt als dem heimlichen Gegner (II), von den Grundrechten als dem alleinigen Maßstab der Beschwerde (III), von den Anforderungen an den, der einmal Beschwerdeführer werden könnte (IV), und schließlich von der angemessenen stattgebenden Entscheidung (V). Reformatorisches steht am Ende (C).

---

1 Art. 84 Abs. 2 Nr. 5 LVerf.

2 Der Text lag einem Vortrag vor der Juristischen Gesellschaft zu Berlin am 18. Oktober 2006 zugrunde. Ich danke dem Präsidium auch an dieser Stelle für die freundlich eingeräumte Gelegenheit, die hier skizzierten Überlegungen vorzutragen, und für den Vorschlag ihrer Publikation.

Die 3. Auflage der wichtigen einschlägigen Darstellung (*Zuck,* Das Recht der Verfassungsbeschwerde, München 2006) erreichte mich erst nach der Fertigstellung des Textes, der gewichtige Band 2 (Grundrechte in Deutschland: Allgemeine Lehren I) des von *Merten* und *Papier* herausgegebenen Handbuchs der Grundrechte in Deutschland und Europa, Heidelberg 2006, erst nach der Drucklegung.

B. Die echte Verfassungsbeschwerde

I. Der Verfassungsbeschwerdeführer

1. Entwarnung

5 Zu Beginn leichte Kost: ein Wort nur zum grundrechtstragenden jedermann als dem tauglichen Beschwerdeführer. Viel konnte an diesem Punkte ja die Rechtsprechung nicht aus- oder anrichten. Jedermann ist schließlich jedermann – inklusive Frauen und Kinder. Allerdings muß es um „seine" Grundrechte gehen, d.h. nicht um Sonstiges und auch nicht um Grundrechte der anderen, und es mag sich gelegentlich fragen, ob er schon oder noch auf dieser Welt sein muß. Zu klar sind aber aufs Ganze gesehen die grundgesetzlichen Vorgaben. Natürliche Personen, jedenfalls deutsche, kommen immer als Grundrechtsgläubiger und damit als Beschwerdeführer in Betracht. Und hinsichtlich juristischer Personen verweist uns der etwas knorrig formulierte Art. 19 Abs. 3 GG auf das Wesen des jeweiligen Grundrechts. Daß es letztlich darauf ankommt, wüßten wir auch ohne ihn; andere Verfassungen – wie die Bayerische[3] – zeigen, daß es dazu keine ausdrückliche Bestimmung braucht. Insgesamt bleibt in diesem Sektor nur daran zu erinnern, daß wir uns in der Prozeßstation bewegen, die *Möglichkeit* der Grundrechtsträgerschaft also ausreicht. Wie es sich wirklich verhält, ist Sache der Begründetheit.

2. Unsicheres Terrain: Juristische Personen des öffentlichen Rechts.

6 Schwierigkeiten bereiten aber unverändert die Juristischen Personen des *öffentlichen Rechts.* Nur zu ihnen ein Wort, ein kurzes: Zu der Unbefangenheit des § 93 Abs. 1 Satz 2 der Bayerischen Verfassungsurkunde von 1919[4], der auch „jede juristische Person" für beschwerdeberechtigt erklärte und damit auch die des öffentlichen Rechts meinte,[5] können wir wohl nicht zurückkehren; seinerzeit ging

---

3 Vgl. *Pestalozza,* in: Nawiasky/Schweiger/Knöpfle, Kommentar zur Bayerischen Verfassung (Stand 2005), Art. 101 RN 11–14 mit Nachweisen aus der Rechtsprechung des Bayerischen Verfassungsgerichtshofes.

4 BayGVBl. S. 531.

5 *Nawiasky,* Bayerisches Verfassungsrecht, München/Berlin/Leipzig 1923, S. 245, 457; *Kratzer,* Die Verfassungsurkunde des Freistaates Bayern vom 14. Augusut 1919, München/Berlin/Leipzig, 1925, § 93 Anm. 2 (S. 230).

es ja nicht nur um Grundrechte, sondern um jedes beliebige Recht, auch aus den Räumen unterhalb der Verfassung, und das mochte ohne weiteres auch Juristischen Personen des öffentlichen Rechts zustehen können.

7 Unser Ausgangspunkt heute ist auch insofern Art. 19 Abs. 3 GG. Er schließt Juristische Personen des öffentlichen Rechts nicht von vorneherein aus, sondern hebt auch hier auf das Wesen des einzelnen Grundrechts, um das es gehen soll, ab.[6] Das Bundesverfassungsgericht hat dieser fall- und normweisen Prüfung Verallgemeinerungen vorgezogen und die interessante Hürde der „grundrechtstypischen Gefährdungslage", in er sich die Person befinden müsse, errichtet.[7] Dagegen wäre (von den Worten abgesehen) vielleicht wenig einzuwenden, wenn der Test nicht vorab auf einige ausgewählte Grundrechte beschränkt und auf dementsprechend wenige Juristische Personen des öffentlichen Rechts, um deren Privilegierung es geht, gemünzt würde und eigentlich auch nur für Mitgliedskörperschaften passen will. Für Personen, die die Hürde zwar nicht genommen haben, aber zu umlaufen versuchen, steht die Ersatzhürde der „öffentlichen Aufgabe" bereit, hoch, aber wacklig, da nur „grundsätzlich",[8] also offenbar nicht unter allen – aber welchen? – Umständen im Wege.[9]

8 Dies alles bedarf des nochmaligen Überdenkens, am besten durch das Gericht selbst, denn anderes hilft wenig. Aber wenn wir einmal von dem judikativ gezimmerten Rahmen ausgehen, so bleiben doch mindestens zwei Petita:

---

6 Das Bundesverfassungsgericht räumt immerhin ein, daß der Wortlaut des Art. 19 Abs. 3 GG diese Sicht nahe lege; doch könne sie „nicht ohne weiteres" auf die juristischen Personen des öffentlichen Rechts übertragen werden; BVerfGE 21, 362 (368f.).

7 Vgl. BVerfGE 15, 256 (262); 18, 385 (386 f.); 19, 1 (5); 21, 362 (373 f.); 31, 314 (322); 42, 312 (321 f.); 45, 63 (79); 53, 366 (387); 59, 231 (254f.); 61, 82 (100–103); 78, 101 (102f.). Zur Anwendung der Vorstellung der „grundrechtstypischen Gefährdungslage" auf juristische Personen des *Privatrechts* vgl. BVerfGE 106, 28 (43f.).

8 Die von BVerfGE 61, 82 (109) offen gelassene Hintertür ist noch immer nicht verschlossen; vgl. nur etwa BVerfGK 4, 223 (224f.).

9 Vgl. BVerfGE 21, 362 (373).

10

3. *Grundrechtlicher Flankenschutz*

9 Erstens: Wer sich in einer „grundrechtstypischen Gefährdungslage" befindet, muß nicht nur sein Zentralgrundrecht, also Artt. 4, 5 Abs. 1 Satz 2 oder Abs. 3 GG, geltend machen können, sondern zusätzlich auch diejenigen anderen Grundrechte, die in concreto den Flankenschutz liefern. Beispiel: Wenn und insoweit die Hochschulautonomie Eigentum voraussetzt und benötigt, muß neben Art. 5 Abs. 3 Satz 1 GG auch Art. 14 Abs. 1 GG zur Verfügung stehen. Bei den öffentlich-rechtlichen Rundfunkanstalten ist das Bundesverfassungsgericht insofern schon auf dem richtigen Weg: Pressefreiheit (Art. 5 Abs. 1 Satz 2 GG), Telekommunikationsgeheimnis (Art. 10 GG) und effektiven Rechtsschutz (Art. 19 Abs. 4 GG) hat es ihnen schon zugestanden.[10] Das wäre zu verallgemeinern und anschließend, darüber hinausgehend, zu bedenken, ob nicht unabhängig von der „grundrechtstypischen Gefährdungslage" allen juristischen Personen des öffentlichen Rechts die für die Wahrnehmung ihrer legitimen Aufgaben *unerläßlichen* Grundrechte zustehen können müßten.

4. *Sonderrolle der Verfahrensrechte?*

10 Zweitens: Ein solcher weiterer Schritt sieht sich ermutigt durch das, was das Bundesverfassungsgericht zu den grundrechtsgleichen Verfahrensrechten, insbesondere Artt. 101 Abs. 1 Satz 2, 103 Abs. 2 GG, zu sagen weiß. *Sie* sollen *allen* juristischen Personen des öffentlichen Rechts zugute kommen; von den im Bereich des Ersten Abschnitts des Grundgesetzes von ihm angelegten Hürden ist nicht die Rede. Begründung: Die durch die sogenannten Justizgrundrechte garantierten objektiven Verfahrensgrundsätze müßten gegenüber jedem an einem Gerichtsverfahren Beteiligten, also auch gegenüber juristischen Personen des öffentlichen Rechts, eingehalten werden.[11] Und auch sie müßten

---

10 Vgl. BVerfGE 100, 313 (365); 107, 299 (310f.).

11 Tastend vorsichtiger Beginn in BVerfGE 6, 45 (49f. – „folgerichtig" jedenfalls, wenn der Staat als Fiskus in Anspruch genommen werde); 13, 132 (139f. – Deutsche Bundesbahn jedenfalls, nachdem der BayVerfGH sie als popularklageberechtigt angesehen hatte).

Kühner und allgemeiner dann später 21, 362 (373); 61, 82 (104); 75, 192 (200); BVerfGK 1, 32 (37f.); 4, 75 (76: „Dieses grundrechtsähnliche Recht [Art. 103 Abs. 1 GG] gilt auch für juristische Personen des öffentlichen Rechts (Art. 19 Abs. 3 GG [!]), denn die durch die sogenannten Justizgrundrechte garantierten objektiven Verfahrensgrundsätze müssen gegenüber jedem an einem Gerichtsverfahren Beteiligten eingehalten werden.").

eine vermeintliche Verletzung dieser Rechte mit der Verfassungsbeschwerde geltend machen können.[12]

11 Der erste Satz trifft wohl eben noch zu, der zweite ist waghalsig. Zum ersten Satz: Daß in den Art. 101 Abs. 1 Satz 2, 103 Abs. 2 GG ein objektivrechtlicher Kern steckt, ist wohl richtig und von den eigentlichen Grundrechten her – unter anderen Etiketten wie Einrichtungsgarantie und ähnliches – vertraut. Zweifelhaft ist, ob dieser Kern andere als die eigentlichen Grundrechtsträger, die von den Bestimmungen gemeint sind, schützt; derartiges kennen wir von den Grundrechten des ersten Abschnitts jedenfalls nicht; *alle* beliebigen Auswirkungen der dortigen Grundrechte treffen nur die, denen die Grundrechte als solche gelten.

12 Zum zweiten Satz: Aus dem ersten Satz folgt er keineswegs. Wir wissen doch, daß objektives Recht existiert, auch schützend, *ohne* zugleich dem Geschützten einen Anspruch zu verleihen. Gerichte, die die Justizgrundrechte nicht achten, verletzen juristischen Personen des öffentlichen Rechts gegenüber vielleicht objektives Verfassungsrecht (wenn man es denn in diese Rechte hineinlesen oder von ihnen absondern zu können glaubt), aber (nach der sonstigen, oben berührten Rechtsprechung des Bundesverfassungsgerichts) gewiß kein Grundrecht (es sei denn, die betreffende Person befände sich in einer grundrechtstypischen Gefährdungslage) – und ohne Grundrecht keine Verfassungsbeschwerde. Und für den, der die Eingrenzungen des Bundesverfassungsgerichts bei den Grundrechten des ersten Abschnitts nicht schätzt und die Grundrechtsträgerschaft allein nach Art. 19 Abs. 3 GG beurteilt, steht der subjektivrechtliche Anspruch auch der juristischen Person des öffentlichen Rechts aus Art. 101 Abs. 1 Satz 2, 103 Abs. 2 GG ohnehin fest, ohne daß es des Rekurses auf sog. objektivrechtliche Verfahrensgrundsätze bedürfte.[13]

---

12 BVerfG, FN 11.

13 Beiseite gesprochen: Vergleichbar Kurioses begegnet auch außerhalb der Justizgrundrechte und der Rechtsprechung des Bundesverfassungsgerichts. So soll Absatz 3 des Art. 14 GG ohne weiteres und selbstverständlich auch für juristische Personen des öffentlichen Rechts gelten, nicht aber der von ihm vorausgesetzte Absatz 1 GG. „Eigentum" i.S. des Absatzes 1, das den juristischen Personen des öffentlichen Rechts vorenthalten wird, wäre danach enger zu verstehen als das „Enteignete" i.S. des Absatzes 3. Versteht man das? Unter der Reichsverfassung von 1919 begegnete derart Skurriles noch nicht, das nach Absatz 2 des Art. 153 Enteignungsfähige war immer auch Eigentum i.S. des Absatzes 1, vielleicht dank der damaligen Enge des verfassungsrechtlichen Eigentumsbegriffs, vielleicht auch dank des Satzes 4 des Absatzes 2, der juristische Personen des öffentlichen Rechts hinsichtlich der Entschädigung privilegierte.

13 Mit Interesse bemerkt man auch, daß das Gericht die von ihm hier angestellten Überlegungen im Bereich der Artt. 1–19 GG, wohl auch der Artt. 33, 38 GG, *nicht* aufnimmt: So erblickt es im Willkürverbot zwar einen Satz des objektiven Verfassungsrechts, zugleich einen Ausdruck des Rechtsstaats, aber die Brücke des Art. 3 Abs. 1 GG, die zur Verfassungsbeschwerde führen könnte, hat es den juristischen Personen des öffentlichen Rechts bislang nicht gebaut.[14] Ich sehe nicht, wie eine derartige Unterscheidung zwischen den einen und den anderen Rechten in das Grundgesetz, speziell in Art. 93 Abs. 1 Nr. 4a GG, oder in das Bundesverfassungsgerichtsgesetz hineingelesen werden kann.

II. Der exklusive Beschwerdegegner: Die öffentliche Gewalt

14 Ich komme zum zweiten Punkt, der „öffentlichen Gewalt", deren Verhalten die Verfassungsbeschwerde auslöst, die also der einzig taugliche Gegner des Beschwerdeführers ist. Hier liegt das eine von zwei Zentren der „echten" Verfassungsbeschwerde, und zwar, für Sehende, zutage: Denn Art. 93 Abs. 1 Nr. 4a GG und § 90 Abs. 1 BVerfGG formulieren übereinstimmend, daß eine Rechtsverletzung *der öffentlichen Gewalt* behauptet werden muß.

1. Grundrechtsverpflichtung Privater?
Indifferenz und Entschiedenheit des Prozeßrechts

15 Damit ist vielleicht nicht gesagt, daß Grundrechte nicht auch von anderen, von *privater* Gewalt sozusagen, verletzt werden könnten, sei es, daß diese anderen Grundrechtsschuldner sind, sei es, daß sie eine allgemeinere Pflicht trifft, das Grundrechtsverhältnis zwischen Grundrechtsgläubiger und öffentlicher Gewalt nicht zu stören. Die beiden zitierten Bestimmungen nehmen zu dieser materiellrechtlichen Frage, deren sich etwa Artt. 1 Abs. 3, 2 Abs. 1, höchst speziell vielleicht auch Art. 9 Abs. 3 Satz 2 GG, annehmen, nicht Stellung, sondern entscheiden nur, aber immerhin, welche behauptete Verletzung mit dieser Beschwerde geltend gemacht werden kann. Das Prozeßrecht läßt dahinstehen, ob *Private* Grundrechte verletzen *können;* es befaßt sich

---

14 Vgl. nur BVerfGK 4, 75 (77f.) mit Hinweisen auf die Senatsrechtsprechung.

von vorne herein nur mit Grundrechtsverletzungen durch die (wie auch immer definierte) öffentliche Gewalt.

16 Das bedeutet: Ein Streit zwischen Privaten kann als solcher *nicht* Gegenstand einer Verfassungsbeschwerde sein. Möglicherweise können auch Private Grundrechte verletzen, aber zur Abwehr oder Beseitigung *dieser* Verletzung steht die Verfassungsbeschwerde nicht zur Verfügung. *Dieser* Verletzung ist – ohne den Flankenschutz eines verfassungsrechtlichen Justizgewährleistungsanspruchs, denn auch Art. 19 Abs. 4 Satz 1 GG ist allein auf die *öffentliche* Gewalt gemünzt – vor den Fachgerichten und nur vor ihnen nachzugehen, es sei denn die Sache gelangt auf anderem Verfahrenswege, etwa mittelbar dem der Richtervorlage, an die Verfassungsgerichte.

17 Seit fast einem halben Jahrhundert[15] betreffen Verfassungsbeschwerden immer wieder Fälle, die ihren Ausgang in Privatbeziehungen und -streitigkeiten nehmen, ohne daß sich das Bundesverfassungsgericht daran gestoßen hätte. All diese Beschwerden[16] waren, weil es ausgangs nicht um Grundrechtsverletzungen durch die öffentliche Gewalt geht, insoweit von Haus aus unzulässig, keine echten Verfassungsbeschwerden also.

2. Verfassungsbeschwerden gegen Private?
Mutmaßungen über Gründe und Hintergründe

a) Suggestivkraft des Gebots der Rechtswegerschöpfung?

18 Wie konnte dies aus dem Blick geraten? Doch wohl nicht dank der Ermächtigung des Art. 94 Abs. 2 Satz 2 GG, der Gesetzgeber könne die vorherige Erschöpfung des Rechtsweges zur Voraussetzung machen, und die Nutzung der Ermächtigung durch § 90 Abs. 2 Satz 1 BVerfGG? Obwohl doch beide Vorschriften klar bestätigen, daß schon vor der Beschreitung des Rechtswegs ein Verfassungsbeschwerde-Sachverhalt vorliegen muß? – denn nur dann greifen ja beide: Art. 94 Abs. 2 Satz 1 GG spricht von einer Voraussetzung „für die Verfassungsbeschwerde" und § 90 Abs. 2 Satz 1 BVerfGG von einem Rechtsweg „gegen die Verletzung" und meint damit die Verletzung im Sinne des Absatzes 1, also die Grundrechtsverletzung durch die

---

15 Wohl beginnend Anfang 1958 mit BVerfGE 7, 198 – Lüth und BVerfGE 7, 230 – Wahlplakat an Hausfassade.
16 Vgl. zuletzt etwa BVerfGE 114, 73; 114, 339. Aus der jüngeren Kammer-Rechtsprechung vgl. etwa BVerfGK 5, 146; 5, 266; 6, 92; 6, 144.

öffentliche Gewalt. Kann man es deutlicher sagen, daß bereits der Rechtsweg zu den Fachgerichten *gegen die „öffentliche Gewalt"*, nicht gegen Private, beschritten werden muß? Ist die öffentliche Hand im Ausgangssachverhalt noch gar nicht im Spiel, kann gegen sie der Rechtsweg gar nicht beschritten werden.

19 Natürlich sind die Rechtsweg-Akteure, d.h. vor allem die Fachgerichte, öffentliche Gewalt, und zum Rechtsweg gehören und öffentliche Gewalt sind auch die *Zivil*gerichte. *Prozessual,* so könnte man argumentieren, muß man dann nur noch meinen, Gegenstand wenn nicht der Beschwerde, so doch der Entscheidung über sie seien die auf dem Rechtsweg ergangenen fachgerichtlichen Entscheidungen, soweit sie nicht abgeholfen haben. Das ist offenbar, nicht nur den Verfassungsgerichten, überaus leicht gefallen.

b) Materiellrechtliche Prämissen
einer Verfassungsbeschwerde gegen Private

20 Aber es reicht nicht aus, denn *materiellrechtlich* muß hinzutreten, daß Grundrechte im Zivilrechtsverhältnis und (oder spätestens) anschließend im Zivilrechtsstreit überhaupt eine Rolle spielen. Wäre es anders, *könnten* Zivilgerichte *in der Sache selbst* (Ich spreche also nicht z.B. von Verfahrensfehlern u.ä.) gar keine Grundrechte verletzen. Man muß also entweder annehmen, bereits die Privatrechtssubjekte seien in ihrem Verhältnis zueinander grundrechtlich berechtigt und verpflichtet; dies setzt sich dann auf dem Rechtsweg natürlich fort, denn die Grundrechtsverpflichtung der Fachgerichte wäre keine geringere. Oder man muß sagen, daß zwar vielleicht nicht die Privaten, wohl aber die über ihren Rechtsstreit entscheidenden Fachgerichte grundrechtsverpflichtet seien; siehe Art. 1 Abs. 3 GG. Beides hat Klagen der sich auch um den Eigenstand ihrer Disziplin sorgenden Zivilrechtler ausgelöst[17] – mit gutem Recht und ohne hörbares verfassungsrichterliches Echo.

21 Für die erste Annahme – die Grundrechtsverpflichtung Privater also – fehlt es an jedem Anhalt in der Verfassung und in der Verfassungstradition; sie gründet allein auf Wunsch und Phantasie. Art. 2 Abs. 1 GG, der mit seinen „Rechten anderer" in diese Richtung hätte

---

17 Eindrücklich insbesondere *Canaris,* Grundrechte und Privatrecht, AcP 184 (1984), S. 201; *ders.,* Erwiderung [auf *Schwabe,* Grundrechte und Privatrecht, ebenda S. 1], AcP 185 (195), S. 9; *Diederichsen,* Das Bundesverfassungsgericht als oberstes Zivilgericht – ein Lehrstück der juristischen Methodenlehre, AcP 198 (1998), S. 171.

weisen können, wenn man es nur zuwege gebracht hätte, die freie Entfaltung der Persönlichkeit – genau wie die Menschenwürde und die Gleichheit – als die den eigentlichen Grundrechten vorausliegende Grundrechtsbasis und -voraussetzung zu begreifen, hat ein irreversibel anderes Schicksal erlitten, eines, das weder er noch seine Paten, Art. 101 der Bayerischen Verfassung und Art. 2 der Hessischen, wirklich verdient haben; er ist sozusagen „verbraucht".

22 Beim Zweiten, der Annahme also, jedenfalls die Zivilgerichte seien grundrechtsverpflichtet, kommen zwei Brüche hinzu.

23 Erstens: Rechte können angewendet und müssen beachtet werden dort, wo sie gelten. Gelten sie im Verhältnis der Privaten zueinander nicht, dürfen sie diesem Verhältnis auch nicht durch später über dieses Verhältnis Richtende oktroyiert werden. Relative Rechte – wie Grundrechte – sind relative Rechte, und sie bleiben es, auch in der Hand der Richter. Richter sind an Grundrechte gebunden, natürlich, aber mit dem Inhalt, den sie haben. Wenn Grundrechte Privatrechtsverhältnisse nicht betreffen, sind sie auch beim Streit über Privatrechtsverhältnisse vor Gericht und für das Gericht unbeachtlich. Sie mutieren nicht in der Hand des Richters zu absoluten Rechten.

24 Zweitens: Das Bundesverfassungsgericht hat denn auch, weil es gesehen hat, daß es so nicht geht, Zuflucht genommen zu der „wertesetzenden" Wirkung der Grundrechte, die auch im Zivilrecht, jedenfalls von der an seiner Setzung, Anwendung und Beurteilung beteiligten öffentlichen Gewalt, zu beachten sei. Diese Art der Umgehung eines klaren verfassungsrechtlichen Befundes erinnert an die kleinere Münze der oben eingangs erwähnten objektivrechtlichen Verfahrensgrundsätze, die juristischen Personen des öffentlichen Rechts zur Verfassungsbeschwerde und schließlich zum Recht, dem subjektiven, verhelfen sollten. Die spezielle Stoßrichtung der Grundrechte läßt sich nicht dadurch verallgemeinern, daß ihnen objektivrechtliche Schichten entnommen werden, die in *alle* Richtungen wirken sollen. Und auch wenn sie es täten: Wie sie in subjektive Rechte umschlagen, die allein ja mit der Beschwerde geltend gemacht werden können, ist bislang noch nicht beschrieben worden.

3. Der Echtheitstest:
Die Verfassungsbeschwerde im Stadium der Vorabentscheidung

25 Letztlich gilt: Alle Kunstfertigkeit hilft nicht darüber hinweg, daß Gegner des Beschwerdeführers *von Beginn* nur an die öffentliche

Gewalt, nicht auch anderes, sein kann. Ob diese Voraussetzung erfüllt ist, wird der, dessen Auge durch das Gebot der Rechtswegerschöpfung nicht endgültig getrübt ist, spätestens mit Hilfe des § 90 Abs. 2 Satz 2 BVerfGG testen können. Nach dieser Vorschrift kann das Bundesverfassungsgericht über eine vor Erschöpfung – und ich füge hinzu: auch vor Beschreitung – des Rechtsweges eingelegte Verfassungsbeschwerde sofort entscheiden, wenn sie von allgemeiner Bedeutung ist oder wenn dem Beschwerdeführer ein schwerer und unabwendbarer Nachteil entstünde, falls er zunächst auf den Rechtsweg verwiesen würde. Zweifelt jemand daran, daß eine Vorabentscheidung von vornherein nicht in Betracht kommt, wenn der Beschwerde ein Privatrechtsverhältnis zugrunde liegt? Wie soll der Beschwerdeführer in diesem Stadium denn geltend machen können, seine Grundrechte seien durch die *öffentliche* Gewalt verletzt?

26 Er könnte dies allenfalls dann, wenn sein Privatrechtsverhältnis unmittelbar durch ein *Gesetz* bestimmt wird, an das sich sein Partner hält, er aber sich nicht halten will.[18] Dann mag er geltend machen können, das Gesetz verletze ihn in seinen Grundrechten, und dies zum Gegenstand einer Rechtssatzbeschwerde unmittelbar gegen das Gesetz machen. Freilich setzt die Jahresfrist des § 93 Abs. 3 BVerfGG hier Grenzen. Nach mehr als einem Jahr seit Inkrafttreten hilft nur die Hoffnung auf eine Richtervorlage im späteren Prozeß, kommt es zu ihr nicht, die noch vagere Hoffnung auf Nachholung aufgrund einer erfolgreichen Verfassungsbeschwerde wegen willkürlicher Verletzung des Rechts auf den gesetzlichen Richter, Art. 101 Abs. 1 Satz 2 GG.

27 Ist die einschlägige als grundrechtswidrig verdächtigte Norm eine untergesetzliche, wird gegen sie ein Rechtsweg – wie die verwaltungsgerichtliche Normenkontrolle oder, gleich in welchem Rechtsweg, eine Feststellungsklage – eröffnet sein. Der ist normalerweise zu erschöpfen. Aber seine Beschreitung und Erschöpfung ersetzen hier keinen an sich beschwerdeuntauglichen Sachverhalt, sondern schreiben ihn nur fort.

28 Das alles bedeutet natürlich nicht, daß Zivilgerichte Grundrechte generell nicht verletzen *könnten* und sich deswegen Verfassungsbeschwerden nicht auch gegen sie richten *könnten*. Das braucht, was die

---

18 Auch *Canaris*, FN 13, sieht allein den Privatrechts*gesetzgeber* grundrechtsgebunden. In der Annahme, die Grundrechte verpflichteten den Gesetzgeber darüber hinaus zum Schutz der Privaten vor einander, kann ich ihm allerdings nicht folgen, noch weniger allerdings der These von *Hager*, Grundrechte im Privatrecht, JZ 1994, 373, daß die Grundrechte im Bereich der Schutzverpflichtung nicht weniger intensiv wirkten als im Abwehrsektor.

Handhabung des gerichtlichen *Verfahrens* anlangt, nicht erläutert zu werden. Bei Verstößen durch die *Inhalte* zivilgerichtlicher Entscheidungen verhält es sich so:

29 Ist ein grundrechtsverdächtiges Gesetz entscheidungserheblich und teilt der Richter den Verdacht, hat er nach Maßgabe des Art. 100 Abs. 1 GG auszusetzen und dem Verfassungsgericht vorzulegen. Kommt es nicht zur Vorlage, bleibt die Verfassungsbeschwerde wegen Verletzung des Rechts auf den gesetzlichen Richter. Da das Bundesverfassungsgericht in anderen Vorlagekonstellationen stets nach der Willkür der Nichtvorlage gefragt hat, ist dies ein schwacher Trost, sollte es auch im Rahmen des Art. 100 Abs. 1 GG darauf abheben wollen. Eine Begrenzung der Willkür-Voraussetzung auf die nur einfachgesetzlich geregelten Fälle der Vorlagepflicht liegt nahe; denn die Sorge des Bundesverfassungsgerichts, es hebe andernfalls schlichte Gesetzesverstöße ins Verfassungsrechtliche, wäre hier, wo sich die Vorlagepflicht aus der Verfassung ergibt, unbegründet. Wie auch immer, eine Verfassungsbeschwerde gegen den Inhalt der zivilgerichtlichen Entscheidung wäre, weil der Ausgangsfall untauglich ist, nicht möglich.

30 Die andere Konstellation: Der Zivilrichter wendet das entscheidungserhebliche gültige Gesetz fehlerhaft oder gar nicht an. Wenn ausnahmsweise Willkür im Spiel ist, kann sie als Verletzung des Art. 3 Abs. 1 GG gerügt werden. Wenn Willkür, wie fast stets, keine Rolle spielt, kommt eine Verfassungsbeschwerde wegen des Rechtsfehlers nicht in Betracht, weil der – siehe soeben – Ausgangsfall mangels Grundrechtsrelevanz keiner ist, über den das Bundesverfassungsgericht im Wege der Vorabentscheidung befinden könnte.

III. Der exklusive Beschwerdemaßstab: Die Grundrechte

31 Ich komme zu meinem dritten Punkt, den Grundrechten und grundrechtsgleichen Rechten – ich spreche künftig einfach von „Grundrechten" – als dem alleinigen Maßstab der Verfassungsbeschwerde. Dies ist der zweite Wesenskern der echten Verfassungsbeschwerde. Die „Verfassungs"beschwerde ist keine solche, sie ist *Grundrechts*beschwerde, das hat ehemals, noch minderjährig, auch das Bundesverfassungsgericht erkannt,[19] dann wieder – sicher nicht vergessen,

---

19 BVerfGE 1, 264 (270f.).

wohl aber – verdrängt. Von *Grundrechts*klage ist denn auch zu Recht
in Hessen die Rede,[20] von *Verfassungs*beschwerde wurde zu Recht
unter der Bayerischen Verfassungsurkunde von 1919 gesprochen, weil
deren Maßstab nach dem unmißverständlichen § 93 Abs. 1 Satz 1 die
gesamte Bayerische Verfassung war. Die Unterscheidung ist ernst zu
nehmen, an sich auch vom Bundesverfassungsgericht.

1. 1948/49: Rückbesinnung

32 Auf dem Herrenchiemseer Konvent und später im Parlamentarischen
Rat stand nichts anderes als die *Grundrechts*beschwerde zur Debatte,
auch wenn man von „Verfassungs"beschwerde sprach und schrieb und
schließlich ihre Einführung nicht für sonderlich vordringlich hielt und
es bei der ganz allgemein gehaltenen, alles Erdenkliche einschließen-
den Ermächtigung des einfachen Gesetzgebers durch Art. 93 Abs. 2
(jetzt Abs. 3) GG bewenden ließ. Keine der einschlägigen Beratungen
ließ auch nur andeutungsweise erkennen, daß irgend jemand daran
dachte, die Beschwerde sollte Auslöser einer Rundumkontrolle des
angegriffenen Gegenstandes am Maßstab der gesamten Verfassung
sein können. Auch dem einfachen Gesetzgeber, der sich 1951 auch
für die Verfassungsbeschwerde entschied, schwebte ausweislich der
Debatten im Gesetzgebungsverfahren nichts anderes vor.[21]

2. 1969: Überholung?

33 Läßt sich einwenden, daß Anfang 1969, als das Grundgesetz die
Verfassungsbeschwerde mit der Aufnahme in den Katalog des Art. 93
Abs. 1 GG ehrte und zur Kenntnis nahm, alles anders war? Daß, auch
wenn Nr. 4a den Wortlaut des inzwischen 18 Jahre alten § 90 Abs. 1
BVerfGG übernahm, an die Gestalt der Verfassungsbeschwerde gedacht
war, die ihr unterdessen das Bundesverfassungsgericht verliehen hatte?
Wollte das Grundgesetz den bis dahin erreichten Jurisdiktionsstand

---

20 Seit 1994 auch im Prozeßgesetz: §§ 15 Nr. 5, 19 Abs. 2 Nrn. 9 und 10,
26 Abs. 3 Satz 2, 28 Abs. 2 und 6, 43–46 HessStGHG. Das heißt freilich nicht,
daß sich der Hessische Staatsgerichtshof auf den grundrechtlichen Maßstab – so
wie ihn der obige Text versteht – beschränken würde. Er pflegt vielmehr dieselbe
ausufernde Praxis wie das Bundesverfassungsgericht.

21 Geraffter Überblick über die drei Beratungsphasen zuletzt bei *Zuck*, FN
1, RN 144–157.

einschließlich der zwischenzeitlichen beträchtlichen Ausdehnung des Prüfungsmaßstabes rezipieren, vielleicht gar festschreiben? Dem Bundesverfassungsgericht würde das Erste, die Rezeption, sicher gefallen, das Zweite, die Versteinerung, eher weniger, denke ich, wenn ich auf und in die 90 Bände der Senats-Entscheidungen blicke, die der Verfassungsänderung bisher folgten. Den Parlamentaria dieser Verfassungsänderung kann ich weder das eine noch das andere entnehmen. Man nahm die Verfassungsbeschwerde in das Grundgesetz in der Einschätzung auf, sie habe sich *als Institut* bewährt, und dies ohne erkennbare Rücksicht auf ihre forensische extralegale Fort- und Umentwicklung im Detail.[22]

34 Wenn es also auch heute, einiges nach 1969, erlaubt ist, sich auf das ehemals Gemeinte zurückzubesinnen, dann läßt sich zu der Maßstabfrage vor allem dreierlei sagen:

3. Grundrechte und andere Verfassungsrechte

35 a) Erstens. *Nicht jedes subjektive Verfassungsrecht ist ein Grundrecht.* Der subjektivrechtliche Charakter einer Verfassungsnorm ist notwendige, aber allein nicht hinreichende Voraussetzung der Beschwerdetauglichkeit. Beispiel: *Statusrechte*, sofern nicht in Art. 93 Abs. 1 Nr. 4a GG aufgeführt, genügen nicht. Die Beteiligten mögen sie im Organstreit geltend machen. Daß dies womöglich nicht geht, weil es z.B. – wie beim Streit politischer Parteien um ihren Auftritt in den öffentlich-rechtlichen Rundfunkanstalten im Wahlkampf – am organstreit-tauglichen Antragsgegner fehlt, mag bedauert werden, aber die Verfassungsbeschwerde ist kein subsidiäres Statusrechts-Vehikel.

36 Dasselbe gilt, wenn es um in Art. 93 Abs. 1 Nr. 4a GG nicht genannte Statusrechte geht, deren Verteidigung im zulässigen Organstreit nicht sämtliche unterdessen erlittene Beschwer, z.B. durch Gerichte, zu beseitigen vermag. Da bleiben dennoch nur Organstreit und fachgerichtlicher Rechtsweg; statt dessen hat das Bundesverfassungsgericht mit dem Kunstgriff, ein genanntes Statusrecht – Art. 38 GG – mit

---

22 Vgl. zur „Begründung" der Reform den Bericht des Rechtsausschusses, BT-Drs. V/3506 (neu), S. 1. Die damalige verfassungsrechtliche Absegnung der Verfassungsbeschwerde sollte Kritiker der Notstandsverfassung ein wenig entschädigen. Der politische Handel hatte mit dem seinerzeit erreichten prozessualen status quo der Verfassungsbeschwerde nichts zu tun. Das Fehlen einer Begründung des Entwurfs der SPD-Fraktion und der FDP-Fraktion (BT-Drs. V/2677) ist symptomatisch.

einem nicht genannten – Art. 47 Satz 2 GG – „in Verbindung"
zu setzen, die Verfassungsbeschwerde hingenommen. Ein solches
Huckepack-Verfahren sollte nicht Schule machen.

37 b) Vorsorglich muß ich in diesem Zusammenhang hinzufügen: Nicht
einmal jedes *Grund*recht ist ein beschwerdetaugliches Grundrecht. Der
Beschwerdeführer muß die Verletzung eines *seiner* Grundrechte rügen.
Eine Prozeßstandschaft sehen Grundgesetz und Bundesverfassungsgerichtsgesetz insoweit nicht vor. *Fremde* Grundrechte taugen nicht.
Ihre Verletzung verletzt nicht das Grundrecht des Beschwerdeführers,
auch wenn er – z.b. familiäre – Beziehungen zum anderen Grund-
rechtssubjekt hat. Gelegentlich und ganz erstaunlicherweise hat das
Bundesverfassungsgericht dies anders gesehen, sofern nur ein eigenes
Grundrecht einschlägig und berührt war.[23] Freunde hat dies, außer
bei den Beschwerdeführern, nicht gefunden. Schule sollte es nicht
machen. Ebenso wenig wie die verbreitere Praxis, gelegentlich bei
der Erforderlichkeit, öfter bei der Zumutbarkeit als dem Schlußstein
der Verhältnismäßigkeit, manches Mal auch im Rahmen des Gleich-
heitssatzes, auch auf die Berührung weiterer, eigener oder fremder,
Grundrechte abzuheben.

4. Grundrechte und objektives Verfassungsrecht

38 Zweitens. Nur *objektives Verfassungsrecht* ist kein Grundrecht.
Gleichwohl liegt hier das alltägliche Tummelfeld der Huckepack-
Verfassungsbeschwerden.

a) Beispiel: Die Gesetzgebungskompetenzvorschriften

39 Beispiel: Die Vorschriften über die Verteilung der Gesetzgebungszuständigkeit, also nicht nur, aber insbesondere Artt. 70–75 (jetzt 70–74)
GG. Anfangs hatte das Bundesverfassungsgericht noch fast verschämt
gemeint, im Rahmen einer ohnehin zulässigen Verfassungsbeschwerde
dürfe es auch die Zuständigkeit für das verfahrensgegenständliche
Gesetz prüfen,[24] und diese Prüfung der eigentlichen Grundrechtsprü-

23 Vgl. z.B. BVerfGE 38, 312 (320–322); 39, 156 (166); 45, 272 (295).
24 BVerfGE 1, 264 (270f.): „Die Beschwerdeführer rügen zunächst, der Bund
habe ein Bundesgesetz dieses Inhalts nicht erlassen dürfen, da die Voraussetzungen
der Artikel 72, 74 GG nicht vorlägen. Die Bundesregierung ist der Auffassung, die
Beschwerdeführer könnten diese Rüge im Rahmen einer Verfassungsbeschwerde
nicht vorbringen, die Verfassungsbeschwerden seien daher insoweit unzulässig. In
der Tat kann § 90 BVerfGG seinem Wortlaut nach dahin ausgelegt werden, daß

fung vorangestellt, also nicht mit ihr verknüpft.[25] Dann aber brachen, wohl auch im Gefolge von Elfes,[26] obwohl dort Kompetentielles nicht relevant war, alle Dämme:[27] Das Grundrecht, jedes einschlägige Grundrecht, sei verletzt, wenn der falsche Gesetzgeber das, sei es auch gute, Gesetz gemacht habe. Die Kompetenzvorschriften wurden so zum Grundrechtsbestandteil hochgerüstet.

40 Das hat Schule gemacht. Auch die *Landes*verfassungsgerichte zögern nicht, im Rahmen einer Verfassungsbeschwerde die Einhaltung der Kompetenzvorschriften zu prüfen. Da diese im Grundgesetz, nicht in der Landesverfassung wurzeln, ist ihre Einbeziehung auf dieser Ebene noch schwerer zu rechtfertigen als in Karlsruhe. Da hilft die mystische Vorstellung, sie (und vielleicht noch anderes) seien Bestandteil der Landesverfassung oder wirkten doch so in sie hinein, daß sie berücksichtigt werden müßten. Aber es hilft auch die geziemende Ausdehnung der Vorfragenprüfungskompetenz: Ist die maßgebliche Norm vielleicht „schon" deshalb verfassungswidrig, weil sie „schon" gegen Bundesrecht, hier: Art. 70 ff. GG, verstößt?[28]

---

eine Verfassungsbeschwerde gegen ein Bundesgesetz mit der Behauptung, dem Bund habe die Gesetzgebungskompetenz für dieses Gesetz gefehlt, nicht begründet werden könne. Indessen bedarf es hier der Entscheidung dieser Frage nicht. Die Beschwerdeführer haben auch geltend gemacht, das Gesetz verletze durch seinen materiellen Inhalt Grundrechte; wenn sie im Zusammenhang damit behaupten, der Bundesgesetzgeber habe ein Gesetz dieser Art überhaupt nicht erlassen dürfen, so kann das als eine Anregung angesehen werden, das Bundesverfassungsgericht möge von Amts wegen prüfen, ob eine Gesetzgebungszuständigkeit des Bundes bestanden hat. Zu dieser Prüfung ist das Bundesverfassungsgericht aber befugt."

25 BVerfGE 1, 264 (270–273 – Kompetenzprüfung; 273–280 – Grundrechtsprüfung).

26 BVerfGE 6, 32. Zu den verfassungsprozessualen Auswirkungen dieser Entscheidungen *Pestalozza,* Verfassungsprozeßrecht, München, 3. Auflage 1991, § 12 RN 30–32.

27 Beginnend wohl mit BVerfGE 9, 83 (87f. – Verstoß gegen das Rechtsstaatsprinzip?); 13, 181 (190 – Verstoß gegen Artt. 70 ff., 80 Abs. 1 Satz 2 GG?); 13, 237 (239 – Verstoß gegen Art. 72 Abs. 2 GG?); 40, 371 (377–382 – Verstoß Artt. 70 ff. GG und Art. 80 Abs. 1 Satz 2 GG?) zu Art. 12 GG und BVerfGE 24, 367 (384f. – Verstoß gegen Artt. 70 ff. GG?); 34, 139 (146 – Verstoß gegen Artt. 70 ff. GG und gegen den allgemeinen Gleichheitsgrundsatz als Ausdruck des Rechtsstaatsprinzips?) zu Art. 14 GG.

28 Einzelheiten zu dieser Praxis und ihren Variationen bei *Pestalozza,* in: Mertens/Papier (Hrsg.), Handbuch der Grundrechte. Bd. 3 (im Erscheinen), § 80 Bundesverfassungsgerichtsbarkeit und Landesverfassungsgerichtsbarkeit, RN 8–13.

b) Normenkontrollfunktion der Verfassungsbeschwerde?

41 Den Landesverfassungsgerichten könnte es relativ leicht fallen, diese und ähnliche Vorstellungen aufzugeben, denn objektives *Bundes*verfassungsrecht ist nun einmal kein Teil der *Landes*grundrechte. Sie müßten nur bereit sein zuzugestehen, daß die Landesverfassungsbeschwerde nicht die Aufgabe hat, die Gültigkeit der mittelbar oder unmittelbar entscheidungserheblichen Norm *umfassend* zu klären.

42 So einfach könnte sich das *Bundes*verfassungsgericht von seiner Rechtsprechung wohl nicht trennen. Es hat sie erfunden, fast fünfzig Jahre lang gehegt, und jedenfalls ihr praktisches Ergebnis leuchtet vielen, nicht zuletzt den durch die Ausweitung des Maßstabs begünstigten Beschwerdeführern, ein. Dennoch: Die *Rundum*kontrolle ist Sache anderer Verfahren, der abstrakten Normenkontrolle nämlich und der Richtervorlage. Gegenstand und Maßstab der Verfassungsbeschwerde hingegen sind allein die Grundrechte. Und wenn diese Begrenzung Sinn machen soll, muß es eine Grundrechtsprüfung geben, die *nicht* auch das rein objektive Verfassungsrecht (hier: die Kompetenzvorschriften) einbezieht.

43 Ich erwarte den Einwand, daß die Verfassungsbeschwerde mittlerweile über den subjektiven Rechtsschutz hinausgediehen und sich insoweit der abstrakten Normenkontrolle angenähert habe. Das ist so – faktisch und weil das Bundesverfassungsgericht sie in diese Richtung gedrängt hat. Und der einfache Gesetzgeber hat sie mittlerweile jedenfalls für das Annahmeverfahren, §§ 93a–93d BVerfGG, ansatzweise verinnerlicht.

44 Aber: *Richter* können ihre Rechtsprechung ändern. Und das Bundesverfassungsgericht hat in manchen Richtungen demonstriert, daß es die Kraft hat, usurpiertes Territorium auch wieder preiszugeben, wenn es will oder – auch wegen seiner Belastung – nicht anders mehr kann. Nur ein Beispiel: 1998, als es um das Bayerische Schwangerenhilfeergänzungsgesetz ging, hat das Gericht zwar nicht auf die Kompetenzprüfung ganz verzichtet, sie aber auch keineswegs vollständig durchgeführt. Es hat vielmehr dahin stehen lassen, ob das nach Art. 72 Abs. 1 GG sperrende Bundesgesetz gültig war bzw. trotz (behaupteter) Ungültigkeit sperren *konnte!* Seine Begründung:
„Das Verfahren der Verfassungsbeschwerde gegen ein Landesgesetz eröffnet auch im Rahmen der Überprüfung der Gesetzgebungskompetenz nicht die volle verfassungsgerichtliche Kontrolle über ein Bundesgesetz, durch das der Bund im Bereich der konkurrierenden Gesetzgebung von seiner den Landesgesetzgeber ausschließenden Zuständigkeit Gebrauch gemacht hat (Art. 72 Abs. 1 GG).

... Aus den Vorschriften über die Zuständigkeit des Bundesverfassungsgerichts und über die Wirkung seiner Entscheidungen ist abzuleiten, daß Gesetzesnormen zu befolgen sind, solange das Bundesverfassungsgericht sie nicht für verfassungswidrig erklärt hat (vgl. §§ 31, 78, 79, 95 Abs. 3 Satz 2 BVerfGG). Das im Rahmen der Kompetenzordnung erlassene Bundesrecht beansprucht Geltung gegenüber jedermann, auch gegenüber den Ländern. Das gilt unabhängig davon, ob man der entsprechenden Feststellung des Bundesverfassungsgerichts deklaratorische oder konstitutive Bedeutung beimißt. Die Feststellung der Verfassungswidrigkeit kann nur im Rahmen der dafür vorgesehenen Verfahren getroffen werden; die Länder können sie durch einen Antrag nach Art. 93 Abs. 1 Nr. 2 GG herbeiführen. Daran fehlt es hier."

45 Ich verallgemeinere. Was für die inzidente Prüfung gilt, läßt sich auf die prinzipale Kontrolle und zugleich auf das Verhältnis von Grundrecht und *allem* nur objektivem Verfassungsrecht ausdehnen. Die Verfassungsbeschwerde ist eben keine abstrakte Normenkontrolle. Was hier am Beispiel der Gesetzgebungszuständigkeit skizziert wurde, gilt für das *gesamte* objektive Verfassungsrecht, also z.b. auch für den Rechtstaat, partikelweise angesiedelt in Art. 20 Abs. 3 GG.

46 Und was das *Bundesverfassungsgerichtsgesetz* und dessen vorgebliche Tendenz zur „Objektivierung" der Verfassungsbeschwerde anlangt: Das Annahmeverfahren ist das eine. Ist dieses Tal des Beschwerdeführer-Todes durchmessen, beginnt eine andere, die alte Welt, eben der Grundrechtsbeschwerde.

5. Grundrechte und Unterverfassungsrecht

47 Drittens. *Unter*verfassungsrecht, objektives oder auch subjektives, stellt kein Grundrecht dar. Auch seine Verletzung ist als solche keine Grundrechtsverletzung, trägt also auch nicht die Verfassungsbeschwerde.

a) Irrelevanz der Gesetzesbindung und ihrer Vernachlässigung

48 Dies gilt für *alle* Staatsgewalten. Für Verwaltung und Gerichte gibt es Schwierigkeiten, weil ihrer Verfassungsbindung (und damit Grundrechtsbindung) die Gesetzesbindung vorgeschaltet ist und sich dadurch die Frage ergibt, ob und wann die Vernachlässigung der Gesetzesbindung zugleich gegen die Verfassung, hier: die Grundrechte, verstößt. Für den Gesetzgeber stellt sich die Frage nicht, soweit er nur

an die Verfassung, nicht auch an einfache Gesetze gebunden ist, d.h. für den Bundesgesetzgeber außerhalb seiner eventuellen Selbstbindung an vorgängige Bundesgesetze. Der Landesgesetzgeber ist dagegen auch einfachem Bundesrecht unterworfen, kann es also auch verletzen und dadurch womöglich Grundrechte berühren.

49 In allen diesen Fällen sind die unterverfassungsrechtlichen Maßstäbe hinwegzudenken und ist zu fragen, ob ungeachtet der Frage, ob sie eingehalten worden sind, Grundrechte verletzt sind. Das heißt:

50 Erstens. Daß ein Landesgesetz gegen ein Bundesgesetz verstößt, bleibt außer Betracht. Art. 20 Abs. 3 GG interessiert nicht. Zu fragen ist nur, ob das Landesgesetz selbst gegen das Grundrecht verstößt.

51 Zweitens. Daß ein behördlicher Akt – sei es eine Norm, ein einseitiges oder mehrseitiges Rechtsgeschäft oder ein Realakt – oder eine gerichtliche Entscheidung gegen die jeweilige Rechtsgrundlage verstößt, bleibt ebenfalls außer Betracht. Zu fragen ist nur, ob das Verhalten auch gegen das Grundrecht verstößt. Der Blick geht nach oben, zur Verfassung, nicht nach unten, zur Rechtsgrundlage. Die Gesetzlosigkeit oder –widrigkeit schadet, grundrechtlich gesehen, nicht – so wie umgekehrt Gesetzestreue nichts nützt, wenn sie einem rechtswidrigen Gesetz erwiesen wird.

52 Der einfachrechtliche Fehler ist also, ob leicht oder schwer, grundrechtlich belanglos.

b) Irrelevanz des Verstoßes gegen Gesetzesvorbehalte als solche

53 Das überrascht zunächst: Jedem Grundrecht ist immerhin ein ausdrücklicher oder stillschweigender *Gesetzesvorbehalt* bei- und eingefügt, und eine Entscheidung der Verwaltung oder des Gerichts, die sich von der danach notwendigen gesetzlichen Grundlage entfernt, ergeht, so könnte man es sehen, nicht „aufgrund" des Gesetzes und verletzt allein dadurch das Grundrecht. Die Verfassungsgerichte müßten also *jede* Auslegung und Anwendung auf ihre Gesetzeskonformität prüfen und im Falle ihrer Verneinung (jedenfalls dann, wenn das Gesetz gültig ist) Grundrechtswidrigkeit annehmen.

54 Warum ist dies nicht so? Weil unser an sich zutreffender Befund ein materiellrechtlicher ist und wir ihn prozessual und kompetentiell korrigieren müssen: Die Entfernung der beschwerdegegenständlichen Entscheidung vom Gesetz verletzt zwar das Grundrecht, dabei bleibt es; aber diese Art der Verletzung ist nicht die von den Verfassungsbeschwerde-Vorschriften gemeinte, weil über die Verfassungsbeschwerde Verfassungsgerichte entscheiden und die keine Fachgerichte sind. *Des-*

wegen interessiert in diesem Verfahren die Fachrechtsverletzung nicht. Ähnlich wie das Bundesverwaltungsgericht regelmäßig allein auf die Beachtung des Bundesrechts schaut und sich für Landesrechtsverstöße nicht interessiert.

c) „Spezifisches" Verfassungsrecht – komplizierte Mittelwege

55 Das Bundesverfassungsgericht macht es sich und uns schwerer, meint aber vielleicht Ähnliches. Es fragt – früher[29] regelmäßig, heute sel-

---

29 Beginnend mit BVerfGE 1, 418 (420): „Das Recht auf Freiheit der Person ist kraft [Grund-]Gesetzes – Art. 2 Abs. 2 und Art. 104 Abs. 1 GG – durch die auf einem Gesetz beruhende, in gesetzmäßigem Verfahren ergehende richterliche Entscheidung begrenzt; es ist von vornherein nur mit dieser Begrenzung gewährt. Die Gestaltung des Verfahrens, die Feststellung und Würdigung des Tatbestandes, die Auslegung der Gesetze und ihre Anwendung auf den einzelnen Fall sind daher [!] nach wie vor grundsätzlich allein Sache der Strafgerichte und der Nachprüfung durch das Bundesverfassungsgericht entzogen, es sei denn, daß *spezifisches Verfassungsrecht* verletzt ist." (Hervorhebung nicht im Original). Der erste Satz ist offenkundig durch die – nicht zitierte – Rechtsprechung des Bayerischen Verfassungsgerichtshofs zu den „inhärenten" Schranken von Grundrechten angeregt; daß er den folgenden Satz nicht wirklich trägt, ist deutlich, aber darauf soll im hier interessierenden Zusammenhang nicht ankommen. Leitsatz 2 (S. 418) spricht übrigens lediglich von „Verfassungsrecht", *ohne* das Adjektiv „spezifisch". Satz 2 ist der (bis auf das Wort „daher") wörtlich übernommene Kern später umfang-, aber nicht inhaltsreicherer Formulierungen (BVerfGE 18, 85 [92f.]). Sie haben – nach dem Berichterstatter in dem 1964 entschiedenen Verfahren Karl Heck benannt – als Hecksche Formel die literarische Runde gemacht – eine gegenüber den „Erfindern" des „spezifischen" Verfassungsrechts von 1952 etwas unfaire Historisierung. Genaueres bei *Herzog,* Das Bundesverfassungsgericht und die Anwendung einfachen Gesetzesrechts, München 1991, S. 7 ff.

Die irrlichternde Sprache der sich anschließenden einschlägigen Entscheidungen zeigt, daß hinter dem Adjektiv „spezifisch" nichts anderes steckt als die richtige Erkenntnis, daß nicht jede Verletzung einfachen Rechts eine Grundrechtsverletzung darstellt: BVerfGE 2, 336 (339): „Das Bundesverfassungsgericht hat aber zu prüfen, ob die angegriffene Entscheidung nicht dadurch, daß sie außerverfassungsmäßiges Recht unrichtig anwendet, zugleich ein *Grundrecht, also typisches Verfassungsrecht,* verletzt hat." (Hervorhebung nicht im Original). BVerfGE 5, 17 (20): „Das Bundesverfassungsgericht hat eine mit der Verfassungsbeschwerde angegriffene gerichtliche Entscheidung nicht in vollem Umfang, sondern nur daraufhin zu prüfen, ob der Beschwerdeführer durch die Entscheidung in einem seiner *Grundrechte* oder in einem der in § 90 Abs. 1 BVerfGG aufgezählten sonstigen Rechte verletzt worden ist." (Hervorhebung nicht im Original). BVerfGE 6, 7 (10): „Die Beweiswürdigung kann im Verfahren über eine Verfassungsbeschwerde nicht schlechthin auf ihre Richtigkeit, sondern nur daraufhin nachgeprüft werden, ob sie spezifisches Verfassungsrecht verletzt, ob also die Beweise *willkürlich oder*

tener[30] (aber der Sache nach unverändert) –, ob die Entscheidung gegen „*spezifisches Verfassungsrecht*" (soll wohl heißen: spezifisch gegen Verfassungsrecht) verstößt. „Normale" Auslegungs- und Anwendungsfehler sollen ohne verfassungsrechtliche Relevanz sein. Das erlaubt dem Gericht, fachgerichtliche Entscheidungen, wenn es mag, weniger intensiv auf einfachrechtliche Fehler zu durchleuchten. Wir gehen – zugleich vereinfachend – darüber hinaus und wenden uns der Frage, ob einfachrechtlich gefehlt wurde, grob oder leicht, schuldhaft oder unschuldig, gar nicht erst zu.

56 Weil das Bundesverfassungsgericht das Auge nicht ganz vom einfachen Recht lassen kann, hat es andauernd mit der Frage zu tun, welcher einfachrechtliche Fehler „schon" grundrechtlich bedeutsam ist oder „noch nicht". Nicht einmal im Zivilrecht entkommt es den daraus entstehenden Abgrenzungsschwierigkeiten, weil es partout ohne die eine oder andere Drittwirkung der Grundrechte nicht auszukommen meint.

57 Dabei ist doch eigentlich klar: Wenn die Grundrechte nur im Verhältnis zum Staat gelten, haben auch Staatsorgane sie nicht zu beachten, wenn es um das Verhältnis Privater zueinander geht. Und wenn man Schutzpflichten aus den Grundrechten entwickelt, führt dies zwar auch zum Schutz der Bürger vor Bürgern; aber einen subjektivrechtlichen Anspruch darauf, der dann auch mit der Verfassungsbeschwerde durchsetzbar wäre, haben sie nicht.

58 Außerhalb des Zivilrechts würde allerdings auch der Verzicht auf Drittwirkung nicht weiterhelfen, wohl aber unser soeben gemachter Vorschlag, alle unter- und außergrundrechtlichen Maßstäbe, zudem den grundrechtlichen Gesetzesvorbehalt als solchen, außer Betracht zu lassen. Wir fragen nicht, ob der angegriffene Akt auch gegen Nicht-Grundrechtliches verstößt, sondern allein, ob er, ungeachtet sonstiger Rechtswidrigkeiten oder Rechtmäßigkeiten, das Grundrecht verletzt. Wir kreiden ihm nicht den Gesetzesverstoß als Grundrechtsverstoß

---

sonst unter Verletzung von Verfassungsrecht gewürdigt worden sind." (Hervorhebung nicht im Original).

30 Zuletzt etwa BVerfGE 111, 54 (84): „Die Feststellung und Würdigung des Tatbestandes, die Auslegung einfachen (Parteien-)Rechts und seine Anwendung auf den einzelnen Fall sind zunächst allein Sache der dafür allgemein zuständigen Gerichte; das Bundesverfassungsgericht kann erst eingreifen, wenn *spezifisches Verfassungsrecht* verletzt ist, vor allem der Fehler gerade in der Nichtbeachtung von *Grundrechten* … liegt." (Hervorhebung nicht im Original). An der bizarren Ungenauigkeit der Sprache hat sich nach 110 Bänden und mehr als einem halben Jahrhundert nichts geändert, warum auch.

an, sondern fragen, was das Grundrecht zu ihm unabhängig von allen anderen Maßstäben sagt.

6. Die genuine Grundrechtsverletzung

59 Wenn nach alledem nur die Grundrechte (und dies nicht einmal in ihrer Gänze) als Maßstab zur Verfügung stehen und in sie der Rest der Verfassung und auch Unterverfassungsrecht nicht einfließt, wann läßt sich dann überhaupt sagen, ein *Grundrecht* sei – verfassungsbeschwerde-tauglich verletzt? Was ist als Grundrechtsverletzung zu prüfen?

60 Es ist dies erstens das Grundrecht selbst einschließlich der eventuellen Qualifikationen des ihm angefügten Gesetzesvorbehalts. Es treten, zweitens, hinzu die in Art. 19 Abs. 1 und 2 GG genannten Grenzen, die Grundrechtsberührungen gesetzt sind. Das ist alles und vielleicht mehr, als es zunächst den Anschein hat.

61 a) Wir benötigen also zunächst ein uns belastendes Verhalten der öffentlichen Gewalt. Dann machen wir uns auf die Suche nach einem Abwehr- oder Beseitigungsanspruch, etwas modischer und umgekehrt, aber sachlich übereinstimmend gesagt: Wir fragen nach Schutzbereich, Eingriff und Eingriffsrechtfertigung. Die Differenz liegt im letzten Punkt: *Grund*rechtlich, jedenfalls für Verfassungsbeschwerde-Zwecke, ist der Eingriff gerechtfertigt (in unserer Sprache: der Abwehr- oder Beseitigungsanspruch nicht gegeben), wenn das Verhalten der öffentlichen Gewalt von allen denkbaren verfassungsrechtlichen Anforderungen den sich aus Art. 19 Abs. 1 und 2 GG ergebenden genügt. Das heißt insbesondere, daß es den *Wesensgehalt* des einschlägigen Grundrechts nicht antasten darf.

62 Wo bleibt bei alledem die *Verhältnismäßigkeit?* Sie ist als Maßstab wohl auch hier, bei der Verfassungsbeschwerde, unverzichtbar, wenngleich das Bundesverfassungsgericht anfangs fast ganz ohne sie oder doch mit einer home edition, wenn ich so sagen darf, auskam.[31] Die Frage ist nur, was sie bedeutet und wo man sie ansiedelt. Zum Ersten: Mit der gegenwärtig erreichten Gestalt – Einzelfall-Zerfaserung, der Beliebigkeit der Regelungsziele und ihrer Benennung, denen sich alles Weitere unterordnet, der Grobheit des Filters Eignung, der die Vorstellungskraft (beiläufig auch die Sprache) überfordernden Erforderlichkeitsprüfung und dem Abwägungs-Dschungel der Zumut-

---

31 Vgl. etwa BVerfGE 1, 167 (178); 7, 320 (323), wo nicht einmal das Wort fällt, oder die fast ebenso wortkargen BVerfGE 3, 383 (398f.); 7, 377 (407. Ja, auch diese Entscheidung); 8, 71 (80); 8, 274 (310).

barkeit – kann eigentlich niemand zufrieden sein. Zum Zweiten: Ein solches – wie auch immer ausgestaltetes, jedenfalls zentrales Prinzip muß einen Platz in der *geschriebenen* Verfassung haben, vor allem, wenn diese Verfassung ausweislich ihres Art. 79 Abs. 1 Satz 2 GG auf das deutlich geschriebene Wort besonderen Wert legt. Nur vorläufig und der Not gehorchend, könnte Art. 19 Abs. 2 GG der passende Hort sein. Nähe, vielleicht gar Verwandtschaft von Wesensgehalt und Verhältnismäßigkeit sind ja schon öfter gemutmaßt worden.[32]

63 b) Alles Nähere muß hier, wo es primär um das Prozessuale geht, ungesagt bleiben. Ich will nur noch hinzufügen, daß das zu Punkt III, den Grundrechten als dem einzigen Maßstab der Verfassungsbeschwerde, Skizzierte auch dann gilt, wenn die Verfassungsgerichte ihre außer- und untergrundrechtlichen Maßstäbe „nur" im Rahmen einer an sich bereits zulässigen, wenngleich noch nicht begründeten Verfassungsbeschwerde anlegen.[33] Mit der Sprache allein ist das Problem nicht zu lösen.

IV. Das Vorleben eines Beschwerdeführers

64 Ich komme zum vierten Punkt, zu den Anforderungen an das Vorleben eines jeden Beschwerdeführers. Ist gegen die Grundrechtsverletzung durch die öffentliche Gewalt der Rechtsweg zulässig, kann die Beschwerde zum Bundesverfassungsgericht erst nach seiner Erschöpfung erhoben werden, so § 90 Abs. 2 Satz 1 BVerfGG, gedeckt durch die Ermächtigung des Art. 94 Abs. 2 Satz 1 GG. Manche sprechen von einer „Subsidiarität" der Verfassungsbeschwerde. Nicht in allen Prozeßordnungen, die Vorverfahren vorsehen, ist dies der gängige Ausdruck; aber das mag auf sich beruhen. Ebenso, was „Rechtsweg" heißt.

65 Mir geht es an dieser Stelle um drei weitere Anforderungen, die das Bundesverfassungsgericht ersonnen hat und an denjenigen Recht-

---

32 Vgl. bereits entschieden so *Dürig*, Der Grundrechtssatz von der Menschenwürde, AöR 81 (1956), S. 117 (146), der Art. 19 Abs. 2 GG für den richtigen verfassungsrechtlichen Standort des Grundsatzes ansah, ohne daß sich jener in diesem erschöpfe. Unverändert maßgeblich zu der Lokalisierung die subtilen differenzierenden Betrachtungen *Lerches*, Übermaß und Verfassungsrecht, 1961, S. 34–39, 79f., 236–248; *dess.*, in: Isensee/Kirchhof (Hrsg.), Handbuch des Staatsrechts der Bundesrepublik Deutschland, Bd. V Allgemeine Grundrechtslehren, Heidelberg 1992, § 122 Grundrechtsschranken, RN 27–32.

33 Anders klingt die Rechtsprechung; vgl. nur etwa BVerfGE 70, 138 (162).

suchenden stellt, der später vielleicht einmal, noch immer nicht zu seinem Recht gekommen, Verfassungsbeschwerde erheben möchte. Alle drei sind, freundlich gesagt: extra-legal, kritischer formuliert: illegal. Die echte Verfassungsbeschwerde weiß von ihnen nichts.

1. Die Befristung unbefristeter Rechtsbehelfe

66 Gelegentlich verlangt das Bundesverfassungsgericht, daß der Betroffene Rechtsbehelfe, die er im Zuge der vorgeschriebenen Erschöpfung des Rechtsweges ergreift und die keine Frist kennen, vor Ablauf der Verfassungsbeschwerde-Frist, sei es nach Absatz 1, sei es nach Abs. 3 des § 93 BVerfGG, ergreift. Man spricht von der *Vorwirkung der Verfassungsbeschwerde-Frist*.[34] Sie wird der anderen Prozeßordnung implantiert. Wird sie dort eingehalten, so beginnt sie mit dem Erlaß der dort angestrebten fachgerichtlichen Entscheidung erneut zu laufen; wird sie dort nicht eingehalten, soll die spätere Verfassungsbeschwerde, obwohl fristgemäß eingelegt, verfristet sein. Das Bundesverfassungsgericht ändert damit wie ein Gesetzgeber die Prozeßordnung des Fachgerichts und die eigene. Eine Kompetenz hierfür ist nicht ersichtlich, und man möchte wissen, was ein Beschwerdeführer zu derlei Erfindungen sagt, der sie nicht hellseherisch vorausgeahnt und sich auf die immerhin aus geschriebenem Recht hervorgehende Fristlosigkeit verlassen hat.

2. Rügelasten auf dem Weg nach Karlsruhe

67 Durchaus nicht nur gelegentlich, sondern stets lädt das Bundesverfassungsgericht dem Beschwerdeführer, der noch keiner ist, weil noch auf dem Rechtswege dorthin befindlich, eine *Grundrechts-Rügelast* auf, von der der Gesetzgeber der einen wie der anderen Prozeßordnung nichts weiß. Zwar beschwichtigt das Gericht gelegentlich, daß die Kenntnis des Rechts Sache der Fachgerichte sei und sie auch die Grundrechte von Amts wegen zu beachten hätten. Auch schwanken die Senate und Kammern gehörig in ihren diesbezüglichen Formulierungen und Anforderungen. Eine Richterin am Bundesverfassungsgericht hat all dies vor zwei Jahren akribisch ans Licht gehoben.[35]

---

34 Vgl. mit Nachweisen aus der Rechtsprechung aufschlußreich *Lübbe-Wolff*, Substantiierung und Subsidiarität der Verfassungsbeschwerde. Die Zulässigkeitsrechtsprechung des Bundesverfassungsgerichts, EuGRZ 2004, 669 (673f.).
35 *Lübbe-Wolff*, FN 33, S. 674–676; *dies.*, Die erfolgreiche Verfassungsbe-

68 Besonders anspruchsvoll ist das Bundesverfassungsgericht in den Fällen – ich zitiere –, „in denen bei verständiger Einschätzung der Rechtslage und der jeweiligen verfahrensrechtlichen Situation ein Begehren nur Aussicht auf Erfolg haben kann, wenn verfassungsrechtliche Erwägungen in das fachgerichtliche Verfahren eingeführt werden. Das ist insbesondere der Fall, soweit der Ausgang des Verfahrens von der Verfassungswidrigkeit einer Vorschrift abhängt ... oder eine bestimmte Normauslegung angestrebt wird, die ohne verfassungsrechtliche Erwägungen nicht begründbar ist. ... In solchen Fällen kann der Beschwerdeführer, um dem Gebot der Rechtswegerschöpfung zu genügen, gehalten sein, bereits die Fachgerichte in geeigneter Weise mit der verfassungsrechtlichen Frage zu befassen. Es ist dann von seiner Seite das Erforderliche zu veranlassen, damit sich die Fachgerichte mit den verfassungsrechtlichen Aspekten des Falles auseinander setzen, bevor sich das Bundesverfassungsgericht im Rahmen einer Verfassungsbeschwerde mit der Behauptung des Beschwerdeführers befaßt, er sei durch die angegriffenen gerichtlichen Entscheidungen und gegebenenfalls durch die darin angewandten Vorschriften in seinen Grundrechten verletzt. Dies entspricht der dem Grundgesetz zu Grunde liegenden Vorstellung über die Verteilung der Aufgaben von Fachgerichtsbarkeit und Verfassungsgerichtsbarkeit bei der Verwirklichung des Rechtsschutzes."[36]

69 Nichts davon ist dem Bundesverfassungsgerichtsgesetz, nichts den Prozeßordnungen der Fachgerichte bekannt. Natürlich wird der Betroffene ohnehin alles tun, um schon vor den Fachgerichten zu seinem vermeintlichen Recht zu kommen. Schon vorsorglich wird er oft mehr vortragen als tunlich, in manchen Gerichtszweigen und Instanzen, die eher auf ihr hartes Fachrecht eingeschworen sind als auf bilderreiche und abwägungsfreudige Grundrechtsphantasien, deswegen vielleicht sogar einen härteren Stand haben. Aber wieso kann das, was vielleicht vernünftig und vorausschauend erscheint, als sanktionierte Last – immerhin steht die Zulässigkeit der Verfassungsbeschwerde auf dem Spiel – auferlegt werden, zudem noch ohne gesetzliche Grundlage? Ist der Betroffene der Grundrechtspfleger des Fachgerichts? Er *sucht* sein Recht, und vor den Fachgerichten muß er dazu nicht mehr tun, als die Fach-Prozeßordnungen von ihm erwarten. Und weil dies so ist, will ich gar nicht erst fragen, in welcher Instanz denn und wann dort spätestens zur Grundrechtsrüge angesetzt werden muß.

---

schwerde. Wie man das Unwahrscheinliche wahrscheinlicher macht, AnwBl. 2005, 509 (514f.).

36 BVerfGE 112, 50 (62f.).

3. Rechtswege außerhalb des Rechtsweges

70 Nicht weniger unerquicklich ist ein Drittes: § 90 Abs. 2 Satz 1 BVerfGG, der die Rechtswegerschöpfung vorschreibt, sei, belehrt uns das Bundesverfassungsgericht seit Jahren mit wachsender Nachhaltigkeit und Phantasie, Ausdruck eines allgemeineren Gedankens der *Subsidiarität* der Verfassungsbeschwerde. Und dieses Allgemeinere fordert nun schon ebenso lange seinen Tribut außerhalb des eigentlichen Rechtsweges. Alle rechtswegexternen Rechtsbehelfe, deren Einlegung dem geltend gemachten Grundrechtsverstoß abhelfen könnte, müssen eingelegt werden. Ich nenne nur die Last des Eilrechtsschutzsuchenden, auch das Hauptsacheverfahren zu betreiben. Dazu tritt später womöglich die Last hinzu, in der Verfassungsbeschwerde darzulegen, daß all dies geschehen, aber erfolglos geblieben ist.[37]

71 Von alledem weiß die echte Verfassungsbeschwerde, positivrechtlich verortet und verankert, wie sie ist, nichts. Im Bereich der Geltendmachung des rechtlichen Gehörs immerhin hat das Gericht 2004 dafür Sorge getragen, daß die von ihm mitgestifteten Verwirrungen positivrechtlicher Neuordnung gewichen sind.

V. Die erfolgreiche Verfassungsbeschwerde

72 Fünftens und letztlich: ein Wort zur angemessenen Gestalt einer der Verfassungsbeschwerde stattgebenden Entscheidung. Das Gesetz ist deutlich: Es kombiniert Feststellung und Kassation. In der stattgebenden Entscheidung ist zunächst festzustellen, welche Vorschrift des Grundgesetzes und durch welche Handlung oder Unterlassung sie verletzt wurde, § 95 Abs. 1 Satz 1 BVerfGG. Die verfahrensgegenständliche Entscheidung hebt das Bundesverfassungsgericht auf; war der Rechtsweg beschritten, verweist es die Sache an ein zuständiges Gericht zurück, § 95 Abs. 2 BVerfGG. Ein unmittelbar oder mittelbar angegriffenes Gesetz hat es für nichtig zu erklären, § 95 Abs. 3 BVerfGG; nur die Sätze 2 und 3 des § 31 Abs. 2 BVerfGG wissen seit 1970 zusätzlich (und mit § 95 Abs. 3 BVerfGG noch immer nicht abgestimmt) von einer bloßen Unvereinbar-Erklärung.

---

37 Auch hierzu mit allen Nachweisen *Lübbe-Wolff*, FN 33, S. 670–673, 681f.; *dies.*, FN 34, S. 512f., 515f.

1. Freie Wahl zwischen Nichtigkeit und bloßer Unvereinbarkeit verfassungswidriger Normen?

73 Häufig geht das Gericht andere, eigene Wege. Seit Jahrzehnten fühlt es sich frei in der Wahl zwischen Nichtig- und Unvereinbar-Erklärung.[38] Präferiert es die zweite, in § 95 Abs. 3 BVerfGG nicht vorgesehene Variante, gehört zu seinen Standardbegründungen, die „Gestaltungsfreiheit des Gesetzgebers" diktiere die Präferenz. Sie werde durch eine Nichtig-Erklärung stärker beeinträchtigt als durch eine bloße Unvereinbar-Erklärung. Anfangs galt das so nur bei Gleichheitsverstößen, die der Gesetzgeber so oder so heilen konnte; später traten andere Grundrechtswidrigkeiten hinzu. Keine der Entscheidungen macht plausibel, was Nichtig-Erklärung mit der Gestaltungsfreiheit des Gesetzgebers zu tun hat und warum die Unvereinbar-Erklärung sie schont.[39] Handeln muß der Gesetzgeber allemal, und es ist nicht zu erkennen, daß er im ersten Fall weniger frei ist als im zweiten, im Gegenteil könnte man meinen, die der Nichtig-Erklärung verdankte tabula rasa erleichtere eine Neuregelung, selbst wenn sie alte Normteile wieder aufnehmen sollte. Und das, was das Gericht dem Gesetzgeber nicht selten an Appellen und Modellen ins Stammbuch schreibt, schnürt – ohne Ermächtigungsgrundlage in Verfassung oder Gesetz – das Korsett des Reformgesetzgebers enger, als es jede Nichtig-Erklärung vermöchte.

74 Unterdessen sind die Dinge so weit gediehen und fühlt sich das Gericht seiner Sache vor dem Gesetz so sicher, daß es sich kurz angebunden mit den Worten begnügt – ich zitiere:[40]

75 „Hat der Gesetzgeber mehrere Möglichkeiten, den Verfassungsverstoß zu beseitigen, trägt das Bundesverfassungsgericht dem in der Weise Rechnung, daß es die verfassungswidrige Norm nur für unvereinbar mit dem Grundgesetz erklärt."

76 Und wie wenn es besonderer Begründungen für die vom Prozeßgesetzgeber doch offenkundig nach wie vor als Regelfolge angesehene Nichtigerklärung bedürfte, setzt es hinzu:

---

38 Nachweise zur älteren Rechtsprechung bei *Pestalozza,* Verfassungsprozeßrecht. München, 3. Auflage 1991, § 20 RN 12, 13, 112–124. Auch die neuere Judikatur berücksichtigt z.B. *Stark,* in: Umbach/Clemens/Dollinger (Hrsg.), Bundesverfassungsgerichtsgesetz, Heidelberg, 2. Auflage 2005, § 95 RN 85–100.

39 Maßvolle Kritik zuletzt bei *Graßhof,* in: Umbach/Clemens/Dollinger (Hrsg.), Bundesverfassungsgerichtsgesetz, Heidelberg, 2. Auflage 2005, § 78 RN 60.

40 BVerfGE 114, 1 (70).

77 „Gesichtspunkte, die im vorliegenden Fall eine andere Entscheidung [will heißen: die Nichtig-Erklärung] gebieten könnten, sind nicht erkennbar." Das Prozeßgesetz ist nicht einmal mehr „Gesichtspunkt".

78 Dies alles mag den in der Sache erfolgreichen Beschwerdeführer nicht kümmern oder bekümmern. Ärger liegt es für ihn, wenn das Gericht die von ihm bloß für unvereinbar erklärte Norm für weiterhin, wenn auch vielleicht thematisch modifiziert und/oder zeitlich begrenzt, anwendbar erklärt. Was hat die Beschwerdeführerin gegen das staatliche Sportwettenmonopol in Bayern von ihrem Sieg, wenn das Gericht[41] das bislang geltende Recht für weiterhin, wenn auf begrenzte Zeit, anwendbar erklärt, nur flankiert durch etwas seriösere Maßnahmen gegen eine ungezügelte Wettlust[42]?

2. Freie Wahl zwischen Kassation und Nichtkassation verfassungswidriger Entscheidungen?

79 Und als noch ärger mag es der Beschwerdeführer empfinden, wenn die auf dem für unvereinbar erklärten Gesetz beruhenden und unmittelbar angegriffenen Entscheidungen entgegen dem ausnahmslosen Befehl des § 95 Abs. 2 BVerfGG nicht aufgehoben werden, weil dies – ich zitiere[43] – „in Anwendung des in § 93a Abs. 2 Buchstabe b BVerfGG enthaltenen Rechtsgedankens ... nicht angezeigt" sei. Zur Erinnerung: Nach § 93a Abs. 2 Buchstabe b BVerfGG ist eine Verfassungsbeschwerde zur Entscheidung anzunehmen, wenn es zur Durchsetzung der in § 90 Abs. 1 genannten Rechte angezeigt ist; dies kann auch der Fall sein, wenn dem Beschwerdeführer durch die Versagung der Entscheidung zur Sache ein besonders schwerer Nachteil entsteht. Der Annahme-Regelung entnimmt das Gericht also einen „Rechtsgedanken" für die Sachentscheidung über die bereits angenommene Beschwerde. Also, Achtung Beschwerdeführer: Die Annahme-Hürde muß künftig womöglich zweimal genommen werden, einmal für

---

41 NJW 2006, 1261 (1267). Dazu kritisch *Pestalozza*, Das Sportwetten-Urteil des BVerfG. Drei Lehren über den Fall hinaus, NJW 2006, 1711 (1713f.). Die zu Bayern vertretene Ansicht hat die 2. Kammer des Ersten Senats unterdessen auf Baden-Württemberg übertragen: BVerfG, 1 BvR 138/05 vom 4. Juli 2006, http://www.bverfg.de/entscheidungen/rk20060704_1bvr013805.html.

42 Von deren Existenz der Beschluß der 1. Kammer des Zweiten Senats vom 19. Oktober 2006, BVerfG, 2 BvR 2023/06, http://www.bverfg.de/entscheidungen/rk20061019_2bvr202306.html, Absatz-Nr. 19, bereits ausgeht.

43 BVerfGE 114, 1 (71).

die Annahme zur Entscheidung, wo sie der Gesetzgeber vorsieht; danach, ohne daß dies der Gesetzgeber vorsieht, für die Entscheidung selbst.

80 Vollends sehnt man sich nach ein wenig mehr Gesetzesnähe zurück, wenn man die Begründung dafür liest, daß das Interesse des Beschwerdeführers an einer Aufrollung der Vorgänge – dort: Genehmigung der Übertragung des Bestandes von Lebensversicherungsverträgen auf einen anderes Unternehmen – hinter den Interessen anderer Beteiligter am Fortbestand der Genehmigung zurückstehen mußte: Für die Rückabwicklung erforderliche Neuberechnungen wären aufwendig, nach so langer Zeit vielleicht gar nicht mehr sinnvoll möglich; „viele Unwägbarkeiten und tatsächliche Schwierigkeiten" kämen ins Spiel. Es ging um Vorgänge aus den Jahren 1988 und 1989; die Verfassungsbeschwerden erreichten das Bundesverfassungsgericht nach Erschöpfung des Rechtswegs 1994 und 1996; zur Entscheidung rang sich das Gericht im Sommer 2005 durch, also weitere 11 bzw. 9 Jahre später. Was soll man sagen?

C. Die gute echte Verfassungsbeschwerde. Reformatorisches

I. Bilanz des Bisherigen

81 Wir können nach alledem also durchaus wissen, was die echte Verfassungsbeschwerde ausmacht:

– Ob Juristische Personen des öffentlichen Rechts zum Beschwerdeführer taugen, richtet sich allein nach Art. 19 Abs. 3 GG.

– Beziehungen zwischen Privaten sind, auch nach fachgerichtlicher Befassung, nicht Gegenstand einer echten Verfassungsbeschwerde.

– Maßstab der echten Verfassungsbeschwerde sind allein die Grundrechte des Beschwerdeführers einschließlich der eventuellen Qualifikationen ihres Gesetzesvorbehalts, aber ohne ihren Gesetzesvorbehalt als solchen.

– Was, wenn überhaupt, zum Vorverfahren der echten Verfassungsbeschwerde gehört, entscheidet allein das Prozeßrecht der Fachgerichte.

– Die einer echten Verfassungsbeschwerde stattgebende Entscheidung hat dem Beschwerdeführer sein ganzes Grundrecht zu geben.

82 Aber „echt" heißt nicht ohne weiteres „gut" oder „gut genug". *De lege ferenda* bleibt, auch wenn sich das Echte aus dem Richter-Kokon

befreit hat, viel zu wünschen. Deswegen soll das Schlußwort der notwendigen Reform, in einer kleineren Variante und in einer größeren, gelten.

II. Die kleine Reform

83 Die kleine Lösung bestünde darin, die Verfassungsbeschwerde zwar beizubehalten, aber im Detail zu modifizieren. Beispiel: Anwaltszwang und Gerichtskosten sollten eingeführt werden. Ein weiteres Beispiel: Die Jahresfrist für Beschwerden gegen Gesetze, § 93 Abs. 3 BVerfGG, müßte gestrichen werden. Zu oft sind Bürger von einem bereits älteren Gesetz unmittelbar betroffen, und es ist nicht in Ordnung, sie auf einen längeren Weg durch die Instanzen zu schicken, nachdem sie notgedrungen mißliche Anwendungsakte abgewartet oder ertrotzt haben. Der Zufall des Zeitpunkts der Selbstbetroffenheit sollte nicht darüber entscheiden, ob die Beschwerde unmittelbar gegen das Gesetz eingelegt werden kann. Und wenn man schon dabei ist, die Rechtssatzbeschwerde der abstrakten Normenkontrolle anzunähern, rate ich noch zu einem weiteren Schritt, der beide Verfahren betrifft: Die Popularklage, die bayerische (Art. 98 Satz 4 BV), ist das Gebotene.

III. Die große Reform: Ein Leben (fast) ohne Beschwerde

Das wird nicht viele Freunde finden, daher gleich zur großen Lösung, der Abschaffung, mindestens der Subsidiarität der Bundesverfassungsbeschwerde. Für sie sprechen fünf Gründe.

1. Die Grundrechtsgewissenhaftigkeit der Fachgerichte

84 Erstens verfügen wir über ein ausgefeiltes System fachgerichtlichen Rechtsschutzes; oft sind ihm noch unterschiedlichste Arten der einvernehmlichen Konfliktbeilegung oder exekutivischer Selbstkontrolle vorgeschaltet. In allen Stationen sind auch die Grundrechte zu beachten. Das rechtliche Gehör kann nun – auf Druck des Bundesverfassungsgerichts – bereits vor den Fachgerichten eingeklagt werden. Die geringe Zahl erfolgreicher Verfassungsbeschwerden besagt vieles, darunter und vielleicht vor allem auch, daß der den Verfassungsgerichten vorgeschaltete Rechtsweg sinnvoll ist und funktioniert.

85 Haben wir also mehr Vertrauen zu diesem Weg und lassen wir es bei ihm bewenden. Der Gesetzgeber hat dieses Vertrauen ja auch; würde er sonst den Weg flächendeckend oder bereichsspezifisch immer wieder verkürzen? Dahinter steht doch wohl die Idee, daß die Qualität des Rechtsschutzes nicht von seiner Quantität abhängt, und daß die hohe Qualität des vor allem von den Fachgerichten gewährten Rechtsschutzes Kurzstrecken erlaubt und den Marathon durch die Instanzen erübrigt. Hoffentlich nicht dahinter verbirgt sich der Gedanke, die Verfassungsgerichte hätten ohnehin das letzte Wort und würden es, also die Sache und vielleicht auch den vorgängigen Richter, schon richten. Um seine „Krone" – um ein in einer Republik überraschendes, aber doch gern gehandeltes Bild aufzunehmen – bringen wir mit der Abschaffung der Verfassungsbeschwerde den deutschen Rechtsstaat ohnehin nicht. Immerhin wußte das Grundgesetz anfangs bei allem Respekt vor der bayerischen Tradition aus guten Gründen ohne die Verfassungsbeschwerde auszukommen.

86 Wir müßten auch nicht befürchten, die Fachgerichte würden, ohne den Himmel voller Verfassungsgerichte über sich, ihre Grundrechtsdisziplin verlieren und uns Bürger verfassungsfern knechten. Im Gegenteil. Wer die Letztverantwortung auch für die Grundrechte, nicht nur für das Fachrecht, übertragen bekommt, wird sie gewissenhaft wahrnehmen, vielleicht sogar bewußter und erleichtert, weil vom Druck der Aufhebung durch letztlich Fachfremde befreit. Wir hier in einem der früheren Westsektoren Berlins müßten es eigentlich wissen.

2. Europäische Grundrechtshut

87 Zweitens. Über dem nationalen Himmel wölbt sich der Überhimmel des internationalen Rechtsschutzes. Europäischer Gerichtshof und Europäischer Gerichtshof für Menschenrechte wachsen zu Lehrmeistern der Grundrechte, zwar supranationaler Qualität, aber doch gemischtnationaler Herkunft, heran. Die Westsektoren Berlins – um wiederum sie als Kronzeugen zu benennen – haben lange Zeit, freilich der Not gehorchend, nicht dem eigenen Triebe, damit auskommen müssen, ganz ohne Landesverfassungsgericht, fast ganz ohne Bundesverfassungsgericht, nur das Europäische Rechtsschutzversprechen in der Hand, und sie haben es – zu einer Zeit, als die Europäischen Grundrechte und ihre gerichtliche Aufarbeitung noch in den Kinderschuhen steckten – gut überlebt. Das würde heute nicht nur hier, sondern überall in Deutschland eher noch besser funktionieren, beiläufig auch unser – ohnehin schicksalhaftes – Europäisches Bewußtsein stärken und noch beiläufiger dem Bundesverfassungsgericht eher peinliche Drohgesten, kaum verhüllt unter dem Euphemismus eines Kooperationsverhältnisses, ersparen. Und das letzte, jetzt europäische Wort, würde, nachdem die verfassungsgerichtliche Instanz entfällt, schneller gesprochen.

3. Die schöpferische Grundrechtserfindungspause

88 *Drittens.* Die Zeit ist reif. Mehr als ein halbes Jahrhundert verfassungsgerichtlichen Überbaus will nicht nur ertragen, es muß auch aufgearbeitet werden. Die Rechtsordnung, zumal die an sich wortkarge Verfassung, verträgt nur ein gewisses Maß an Grundrechtsüberschwemmung und -erfindung. Wir – nicht zuletzt die Rechtswissenschaft, aber wohl zuerst die Fachgerichte – brauchen eine Grundrechtsschöpfungspause. Im Sinne der Besinnung auf das, was wirklich in den Verfassungen steckt, uns schützt und verpflichtet. Ein Atemholen, während der Grundrechtsschöpfer pausiert. Zur Not also kein endgültiger Abschied von der Verfassungsbeschwerde, sondern eine experimentelle Aussetzung auf Zeit. Zeit, die auch der Gesetzgeber nutzen könnte, um in Ruhe über eine auch vor den Verfassungsrichtern sicherere Verfassung nachzudenken.

89 Eine kleinere und speziellere Sorge gilt dabei dem *Prozeßrecht.* Auch ihm ist Erholung zu gönnen. Bei der Übermacht der Zuständigkeiten, die die Verfassungen den Verfassungsgerichten gegenüber dem Gesetzgeber zugestehen, wundert es nicht, daß sie da, wo sie mögen, den Respekt vor dem gesetzten Wort zurückstellen oder gar verlieren. Das gilt insbesondere für ihr Prozeßrecht, dessen Eigentümlichkeit es ist, daß es nur für sie gemacht und nur von ihnen gehandhabt wird. Ein solches Monopol fördert die Versuchung, die Gesetzestreue der praktisch oder theoretisch beflügelten Rechtsphantasie unterzuordnen. Bei der Gelegenheit gerät auch die allgemeinere Überlegung zu Unrecht in den Hintergrund, daß Prozeßrecht vielleicht von Haus aus *nicht analogiefähig* ist, weil der Richter die ihm vom Gesetzgeber zugestandenen Kompetenzen nicht eigenmächtig ausdehnen kann.

4. Kapazitätsgrenzen

90 Viertens. Gram dehnt die Zeit; das erfahren viele Beschwerdeführer am eigenen Leibe, und mancher stirbt über sein Verfahren hinweg. Insbesondere das Bundesverfassungsgericht ist aus Gründen, die ihm

nicht immer vorzuhalten sind, bei aller Professionalität und Hingabe dem Ansturm der Bürger noch immer nicht gewachsen. Nicht-Annahme Entscheidungen der Kammern 5 oder 12 Jahre nach dem Antrag, Senats-Entscheidungen 6, 8, 10 oder 12 Jahre danach sind ungeachtet der Zahl und Schwierigkeit sonst anhängiger Sachen nicht akzeptabel. Vollends dann, wenn sie dem Beschwerdeführer bestätigen, daß er Recht hat, es aber nicht mehr bekommen kann, weil die Zeit irgendwie alles, außer für ihn, heilt.

5. Karlsruher Schatten über den Landesverfassungsgerichten

91 Fünftens. Das Bundesverfassungsgericht erdrückt, auch wo es nicht darauf zielt, die Landesverfassungsgerichte und mit ihnen, das allerdings gezielt, die Landesgrundrechte. Gegen jede landesverfassungsgerichtliche Entscheidung droht die Bundesverfassungsbeschwerde, und auch ganz unabhängig davon hat es die Landesverfassungsgerichte schulmeisternd in ein enges Prüfkorsett gezwungen,[44] das denen und den Landesgesetzgebern, nähmen sie es ernst, wenig Bewegungsspielraum ließe – von seiner verfassungsrechtlichen Bedenklichkeit ganz abgesehen. Aber auch an korsettfreien Tagen sind die Gedanken und Modelle des Bundesverfassungsgerichts oft übermächtig und allgegenwärtig. Nicht das geringste Anzeichen dafür sind die freiwillige Rezeptionen bundesverfassungsgerichtlicher Vorstellungen in das Landesrecht und Bundesverfassungsgerichts-Zitate in landesverfassungsgerichtlichen Entscheidungen, die zunehmend Begründungen abkürzen oder ersetzen helfen.[45] Die gefühlte Unabhängigkeit der Landesverfassungsgerichte, so scheint es dem außenstehenden und vielleicht zu besorgten Freund des *Bundesstaatlichen*, ist stärker als die wirkliche.

6. Minimalkonsequenz: Subsidiarität der Bundesverfassungsbeschwerde

92 Was folgt? Nun, wenn nicht die endgültige oder zeitweise Streichung der Bundesverfassungsbeschwerde, so doch mindestens die Ergänzung des Art. 93 Abs. 1 Nr. 4a GG durch eine Subsidiaritätsklausel im Sinne der Nr. 4b und die entsprechende Ersetzung des § 90 Abs. 3

---

44 Vgl. BVerfGE 96, 345 (insbes. 373–375).
45 Vgl. näher dazu *Pestalozza*, FN 28, RN 87–94.

BVerfGG durch eine Norm nach Art des § 91 Satz 2 BVerfGG; was für die Kommunalverfassungsbeschwerde gilt, sollte für die Individualverfassungsbeschwerde erprobt werden. Damit würde sich auch der umgekehrte zwar ökonomische, aber nicht gerade selbstbewußte Weg einiger Landesgesetzgeber erübrigen, die Landesbeschwerde für ganz oder teilweise subsidiär zu erklären.[46]

D. Schlußbemerkung

93 Nichts von alledem, was hier de lege lata oder de lege ferenda erwogen wurde, wird eintreten. Die Gerichte werden den Kokon fortspinnen; die Prozeßgesetzgeber werden dulden und schweigen. Wenn man dennoch darüber vortragen darf, ist dies guter Grund für besonderen Dank.

---

46 Am weitesten geht *Mecklenburg-Vorpommern* (Art. 53 Nr. 7 LVerf., §§ 11 Nr. 9, 57 Abs. 3 LVerfGG: Bereits die *Zuständigkeit* des Bundesverfassungsgerichts schließt die Landesverfassungsverfassungsbeschwerde aus. Ebenso verhielt es sich bis gegen Ende 2000 im *Saarland*. Weniger weit gehen *Berlin* (Art. 84 Abs. 2 Nr. 5 LVerf., §§ 14 Nr. 6, 49 Abs. 1 VerfGHG), *Brandenburg* (§§ 12 Nr. 4, 45 Abs. 1 VerfGHG) und seit 2000 – mit Einschränkungen – *Hessen* (§ 43 Abs. 1 Sätze 2 und 3 StGHG; dazu *Günther,* Verfassungsgerichtsbarkeit in Hessen. Kommentar zum Gesetz über den Hessischen Staatsgerichtshof, Baden-Baden 2004, § 43 RN 14–22). In diesen drei Ländern ist (bzw. wird) die Landesverfassungsbeschwerde erst dadurch unzulässig, daß Beschwerde zum Bundesverfassungsgericht erhoben „ist oder wird"; nicht die Zuständigkeit, sondern die Anrufung des Bundesverfassungsgerichts schließt hier also die Zuständigkeit des Landesverfassungsgerichts aus. Eine weitere Variante kennt seit 1992 (modifiziert im Jahre 2000) *Rheinland-Pfalz* (§ 44 Abs. 2 VerfGHG). Einzelheiten zu all dem bei *Pestalozza,* FN 28, RN 125–144.

www.ingramcontent.com/pod-product-compliance
Lightning Source LLC
Chambersburg PA
CBHW022104210326
41518CB00039B/799